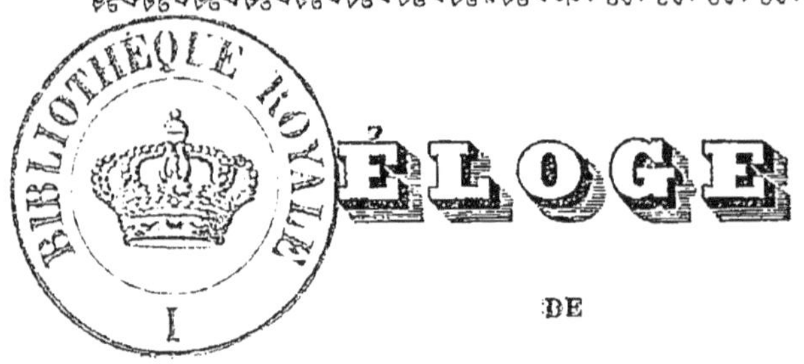

ÉLOGE

DE

M. LE COMTE DE MARCELLUS,

PRONONCÉ A LA DISTRIBUTION DES PRIX.

DU PETIT SÉMINAIRE DE BORDEAUX,

Le 29 août 1842 (1).

Cette fête avait attiré, lundi dernier, comme les années précédentes, une grande affluence de parens et de personnes qui portent à cet établissement l'intérêt qu'inspire sa religieuse destination. Il est inutile de dire que Mgr l'archevêque s'était hâté de s'y rendre. C'est toujours un grand bonheur pour le prélat que de se voir au milieu de cette jeunesse, parmi laquelle l'église de Bordeaux trouve de si précieuses recrues pour sa sainte milice. Les exercices qui précèdent ordinairement la distribution des prix sont,

(1) M. le comte de Marcellus fut pendant vingt-cinq ans le bienfaiteur du petit séminaire de Bordeaux, d'abord de 1816 à 1818 à Cadillac-sur-Garonne, de 1818 à 1828 à Bazas, de 1828 à 1841 à Bordeaux. Il est mort le 29 décembre de cette même année.

dans cette maison, d'une importance vraiment litté-
raire. Il est d'usage qu'on prononce un discours sur
un sujet élevé ; celui de cette année était chargé d'ac-
quitter la dette de la reconnaissance et de rendre hommage à une illustre mémoire. Nous avons donc en-
tendu l'éloge de M. le comte de Marcellus , de cet
homme auquel il ne manquait aucune vertu et qui fut
l'image de Dieu sur la terre.

Le petit séminaire lui devait cet honneur public ;
pendant vingt-cinq ans il honora cette pieuse maison
de sa sollicitude et de son dévouement tout paternel.
On peut presque dire qu'il fut l'un de ses fondateurs,
car depuis le jour où l'illustre et saint archevêque
Daviau en conçut l'idée , de concert avec le digne ec-
clésiastique qui en a toujours eu la direction, M. le
comte de Marcellus s'associa de cœur à cette grande
œuvre, et ne cessa de la seconder de son influence et de
ses conseils. On a dit dans ce journal la vive amitié
qui unissait M. le comte de Marcellus et M. l'abbé
Lacombe, supérieur du petit séminaire : c'était une
estime et un attachement réciproques, fondés sur les
qualités éminentes de cœur et de caractère de ces deux
hommes.

M. l'abbé Lacombe , qui sait mieux que personne
tout le concours qu'il a trouvé dans son digne ami pour
mener à bien l'établissement auquel il a voué si gé-
néreusement sa vie , son expérience et son zèle, a
voulu payer , lundi dernier , au nom du diocèse, au
nom de Bordeaux, la dette de gratitude contractée
vis-à-vis de l'illustre défunt.

(Extrait de LA GUIENNE, *du 1er septembre.)*

Monseigneur,

Louer la vertu en présence d'hommes qui la portent dans leurs cœurs et la montrent dans leurs actes fut toujours chose aisée. La tâche de l'orateur est alors simple et facile : il n'a qu'à lever d'une main respectueuse le voile qui couvre cette beauté céleste, et, à la vue de ces traits si purs , de ce front si serein, de cette majesté si douce, tous les yeux sont captivés, tous les cœurs sont ravis. C'est là , messieurs, la seule excuse à ma témérité. Je vais parler d'un homme dont toute la vie a été un long hommage à la vertu. Cet homme, tous les cœurs l'ont aimé, toutes les bouches l'ont célébré ; personne n'a le droit de dire en mettant la main sur lui : Il est à nous. L'humanité toute entière se lève et dit : Il est à moi ; et la religion , déposant une couronne sur sa tête , ajoute: C'est moi qui l'ai formé.

Louer M. de Marcellus, c'est donc louer l'humanité, c'est honorer la religion , c'est répondre aux vœux d'un prélat dont il fut l'ami, du clergé , dont il fut le défenseur, des gens de bien, dont il est la gloire ; c'est payer la dette des pauvres, c'est payer notre propre dette à nous qu'il servit long-temps de son pouvoir, qu'il honora toujours de sa bienveillance.

Marie-Louis-Auguste-Martin du Tyrac, comte de Marcellus, naquit le 22 février 1776. Son enfance, protégée par les vertus et la vigilance de parens chrétiens, s'écoula calme et pure dans les exercices et les travaux ordinaires à cet âge. Le jeune de Marcellus fixa de bonne heure les regards par des qualités précoces et surtout par une piété tendre et naïve. Plus d'une mère, le voyant agenouillé et recueilli aux pieds des autels , le montra du doigt à son fils ; plus d'une fois son nom se mêla aux exhortations adressées à l'enfance. C'était une belle vie qui commençait, une de ces vies honnêtes, pures, nobles, qui, du berceau jusqu'à la tombe, n'offrent pas une seule tache, qui traversent les crimes des hommes sans en être souillés, astres qu'aucun nuage ne voila jamais, flots limpides dont rien n'altéra la transparence. Dieu permet qu'il passe ainsi quelques-unes de ces vies saintes sous les yeux de l'humanité, pour réveiller en elle le sentiment de sa dignité morale et lui offrir de grands exemples.

Avec des dispositions si heureuses, avec une foi si précoce, le jeune de Marcellus dut comprendre de bonne heure les devoirs de son âge. Parmi les plus importans, il plaça le soin de s'instruire, en faisant fructifier les leçons qu'il recevait de ses maîtres. Il n'avait pas encore terminé le cours de ses études qu'il faisait dans sa famille, lorsqu'il perdit son père, honoré des larmes du pauvre et des regrets des gens de bien. Il entrait à peine alors dans sa quatorzième année. Encore peu affermi dans la vie, il n'a, désormais, d'autre appui que sa mère, et cet appui se brisera bientôt sous sa main.

Déjà des bruits sourds se faisaient entendre. Une étrange effervescence d'un côté, je ne sais quel malaise de l'autre, annonçaient qu'on était à la veille de quelque grande catastrophe. Le sol tremblait sous les pas, et les esprits inquiets s'agitaient d'eux-mêmes, comme les feuilles des arbres à l'approche d'une tempête. Épouvantés de ces sinistres présages, plusieurs quittaient, en pleurant, leurs foyers et la France, et ceux qui restaient étaient plus tristes encore. Que de fois alors le jeune Marcellus, étonné, tourna ses regards vers sa mère! Que de fois sa mère tremblante le pressa tendrement contre son sein! Cette jeune existence, qui avait vu dès son berceau toutes les sources du bonheur s'ouvrir devant elle, qui avait reçu en naissant un nom, une fortune et des vertus, voyait se tourner contre elle tous ces avantages. Son nom, sa fortune, ses vertus peut-être allaient faire ses dangers. Le jeune comte comprit sa position : il sentit dès-lors que la vie, même pour le riche et le grand, n'est pas un jeu ; il ne la regarda pas néanmoins comme un malheur : il vit en elle un devoir, et c'est sous cet aspect qu'elle lui apparut toujours.

Cependant l'orage, après avoir long-temps grondé, venait d'éclater avec une violence terrible. Les bases anciennes de la société s'étaient écroulées, et de dessous leurs décombres que de cris s'échappaient ! En présence de ce grand désastre une immense terreur s'empara des âmes. La France entière fut quelques instans comme un grand coupable qui voit sur sa tête la hache suspendue.

Au milieu de cette consternation générale, M. de Marcellus, calme, résigné, songe à unir une autre existence à la sienne, c'est-à-dire à doubler ses périls, ses sollicitudes, et déjà cette union est pour lui un danger, car il veut l'accomplir en chrétien.

La religion avait été détrônée et proscrite. Rentrée dans les catacombes, elle errait çà et là dans l'ombre, s'arrêtant de nuit dans quelque chaumière écartée, dans quelque chambre secrète, où de pieux croyans se glissaient un à un, et allaient, au péril de leur vie, satisfaire aux besoins d'une foi que la persécution n'avait pu éteindre. Le jeune Marcellus avait souvent paru dans ces réunions nocturnes et courageuses. Sa foi s'était toujours montrée à la hauteur du péril. Elle ne se démentit pas au moment le plus solennel de sa vie : il appela la main proscrite du prêtre pour bénir deux jeunes têtes, sinon pour le bonheur, du moins pour le martyre.

Mais assez d'autres dangers les menaçaient. Tout ce qui avait brillé de quelque éclat devait être frappé. Un jour, sur la Garonne, on vit descendre toute une famille escortée de la force publique, deux femmes et un jeune homme : c'était la famille de Marcellus. On les enferma dans l'ancien couvent des orphelines, à Bordeaux, avec d'autres détenus illustres, et bientôt ils comparurent devant le tribunal de l'époque. M. de Marcellus n'avait pas l'âge de mourir ; il revint dans la prison avec son épouse ; mais sa mère, elle n'y revint pas ! Ils n'étaient plus que deux, jeunes, nouvellement unis. A une autre époque ils auraient pu se promettre des joies, du bonheur ; mais alors ils n'espéraient que l'échafaud. Huit mois ce couple infortuné fut en proie à de terribles angoisses. Les événemens qui agitaient alors la France et l'Europe avaient leur contre-coup dans cette chambre isolée où ils étaient enfermés. Les bruits du dehors perçaient les murailles de la prison ; la vie et la mort y entraient et en sortaient vingt fois le jour.

C'est là, messieurs, c'est dans cette série non interrompue d'émotions douloureuses, c'est dans cette lutte continuelle de l'âme contre tout ce que le sentiment a de plus fort, que l'homme mûrit vite : la vie alors se condense, l'histoire de l'âme se serre. Quand on a vécu quelque temps sous la pointe menaçante du glaive, quelque jeune qu'on soit, on a l'âge de l'homme mûr.

C'est ce qu'éprouva M. de Marcellus. A dix-huit ans, il était homme fait ; il avait l'expérience du malheur, il ne lui manquait plus que celle de la prospérité. Elle ne vint pas de si tôt. Libéré à la journée du 9 thermidor, M. de Marcellus jouit d'un calme qui ne fut pas de longue durée: trois ans après, ayant été porté sur la liste des émigrés, il fut forcé de prendre la route de l'exil : il passa en Espagne. Dès lors, il ne manqua plus rien à sa longue passion. Ce jeune homme, à vingt-un ans, avait déjà réuni dans son cœur les trois grandes douleurs de l'époque: l'exil, la prison et l'échafaud.

Après quelques jours passés sur le sol étranger, M. de

Marcellus ayant obtenu sa radiation , revint dans sa patrie et se fixa sur ses terres.

Tant de douleurs senties en lui-même et dans ce qu'il avait de plus cher , tant de crimes accumulés sous ses yeux en si peu d'années , une jeunesse flétrie par les cachots , le sang d'une mère arrosant la place publique , tout cela ne put aigrir le cœur du jeune de Marcellus , ni lui faire haïr l'humanité. Cette époque désastreuse et pour lui si féconde en larmes l'avait trouvé sans faiblesse : elle le laissa sans ressentiment. Il l'envisageait depuis avec calme, il en parlait avec dignité. Les hommes qui l'avaient persécuté , il ne les maudissait pas ; il les plaignait, et plus d'une fois on l'a vu déposer , sans détourner la tête , l'aumône de la charité dans la main du fils d'un des bourreaux de sa mère. On n'eût pas dit que le comte de Marcellus avait eu à souffrir des crimes des hommes, si ce n'est à une conduite plus sérieuse , à un dégoût plus profond de tout ce qui passe, à une vertu plus haute et plus ferme. Car, messieurs, remarquez-le bien , les têtes que cette tempête horrible n'a fait que ployer , se sont relevées plus nobles. Un rayon d'en haut s'est reposé sur elles, et à voir ces fronts calmes et majestueux , ces fronts, hélas ! chaque jour plus rares parmi nous, on reconnaît aisément qu'ils ont reçu la consécration du malheur.

Rentré dans ses foyers, M. de Marcellus se livra tout entier à la simplicité de ses goûts et à la noblesse de ses instincts. Confondu parmi les paisibles habitans des campagnes, dont il se rapprochait , non point par un vain amour de popularité , mais par l'impulsion généreuse d'un cœur bon et plein de foi, encourageant leurs travaux, consolant leurs peines , étudiant leurs besoins, allant quelquefois surprendre le secret de leurs misères jusque dans l'intimité de leurs foyers, ce jeune seigneur ne conserva de ses anciens droits

que le privilége de faire des heureux , ou , comme il le di-
sait lui-même , que la féodalité des bienfaits.

Cette vie simple et calme avait des douceurs infinies pour
M. de Marcellus. La poésie l'embellit encore de ses charmes. De gracieuses idylles , échappées à la plume du jeune
comte , révélèrent ce bonheur primitif que goûtait un sage
sur les frais rivages de la Garonne. L'idylle , messieurs ,
n'est plus de ce siècle. Nos âmes , séduites par le luxe et
la mollesse des villes , ne s'ouvrent plus aux joies pures
des champs; nos oreilles , étourdies par les orages politiques , n'entendent plus les harmonies des forêts et le doux
murmure des fontaines. M. de Marcellus vécut ainsi plusieurs années , puisant le bonheur dans l'affection tendre
d'une épouse formée aux mêmes épreuves que lui et capa-
ble du même héroïsme, dans les qualités heureuses d'enfans
bien nés , qui promettaient déjà d'être ce qu'ils ont été depuis , la gloire de leur père et les continuateurs de ses vertus. Calme au milieu des agitations qui ébralaient le monde,
il suivait d'un œil attentif la main toujours agissante de la
Providence , dans ce chaos d'événemens qui s'entassaient
avec une rapidité si effroyable , dans ce dédale de ruines
qu'une ambition aveugle semait par toute l'Europe avec une
si fatale imprudence.

Le moment marqué dans les desseins de Dieu arriva. La
France, fatiguée de vingt années de malheurs et de trou-
bles, secoua le présent qu'elle ne pouvait plus porter , et
courut au-devant du passé qui revenait à elle paré des charmes du malheur. M. de Marcellus sortit alors de sa retraite,
et parut à côté du prince que Bordeaux venait de recevoir
dans ses murs ; mais il n'usa de son influence que pour rap-
procher les esprits , apaiser les ressentimens et faire du bien
à ses ennemis.

Les honneurs ne le changèrent pas. Investi de la confiance
de ses concitoyens, qui lui renouvelèrent leur mandat pen-

dant neuf ans, environné du respect et de l'estime de ses collègues, honoré de l'amitié des hommes les plus célèbres dans la politique et dans les lettres, des Fontanes, des Frayssinous et des Bonald, distingué par le roi, qui voulut l'avoir plus près du trône, par les évêques qui se faisaient ses cliens, par le chef suprême de l'église, qui lui écrivait en le nommant *son fils bien-aimé*, le député de la Gironde, le pair de France conserva toujours ses habitudes simples et modestes : il allait constamment à pied dans la capitale, et les pauvres étaient les seuls qui ne s'étonnaient pas d'une telle conduite.

Dans ses nouvelles dignités, M. de Marcellus vit plus que des honneurs ; il vit des devoirs, et son âme déploya toute son énergie pour les bien remplir. Il forma ses opinions, non dans les agitations des partis, mais dans le calme religieux de sa conscience. Il les défendit avec courage, souvent avec éloquence, toujours avec modération. Que de fois sa voix généreuse s'éleva dans les assemblées des législateurs de la France, pour protéger ce qu'il y a de plus faible au monde, le malheur, l'indigence et la religion ! Quand il plaidait ces causes saintes, sa parole revêtait je ne sais quelle noblesse et quelle grandeur imposantes. La vertu et la foi animaient son éloquence ; et, on l'a dit avec raison, la critique cette fois s'est montrée juste, tout en conservant son amertume : oui, le discours politique s'élevait alors dans sa bouche à la dignité de discours sacré, et la tribune parlementaire devenait pour lui une chaire chrétienne.

Les travaux législatifs n'offraient pas néanmoins un aliment suffisant à cette âme ardente et travaillée d'un besoin immense de faire le bien. Des infortunes, des nécessités de tout genre affluaient vers le député charitable avec une liberté, une confiance rarement trompées. M. de Marcellus s'en faisait le patron : prières, instances, importunités même, suivies quelquefois de refus amers, il n'omettait rien pour les soulager, et le plus souvent le succès couronnait sa persévérance courageuse. Quand il ne pouvait invoquer la justice, il implorait la charité; à sa voix des bourses opulentes s'ouvraient : on était heureux de faire passer ses aumônes par des mains aussi pures et aussi désintéressées.

Les églises, les établissemens religieux surtout, eurent une large part à sa sollicitude. L'église de Bordeaux, aujourd'hui si florissante, aujourd'hui que les sueurs et les vertus de trois saints prélats l'ont si admirablement fécondée, l'église de Bordeaux, alors faible et cicatrisant ses plaies récentes, que ne dut-elle pas à son zèle actif, auquel l'amitié donnait une nouvelle énergie! Soyez donc bénie, ombre sacrée, soyez bénie, car vos mains pieuses ont apporté quelques pierres à la reconstruction du temple de Dieu dans cette contrée! Soyez bénie, car, au sortir de l'arène, le sacerdoce bordelais, mutilé et sanglant, a pu, par vos soins, se voir renaître et refleurir dans une génération nouvelle de lévites auxquels vous conservâtes un asile! Oui, lorsque se construisait à grand'peine ce sanctuaire qui abrite aujourd'hui notre jeune âge, lorsque les pierres à peine posées étaient déjà sur le point de tomber, votre main, unie à la main du prélat, votre ami, les soutint. Vous écartâtes les orages qui menaçaient de renverser l'œuvre à peine ébauchée, et l'église de Bordeaux leva les mains au ciel en voyant le calme rétabli autour de ce berceau du sacerdoce, objet de tant d'amour et de tant d'espérance.

Vous l'avez vu, messieurs, vous, nos aînés, enfans, avec nous, d'un même père, vous l'avez vu à une autre époque et dans d'autres lieux, cet homme modeste, venir chaque année au milieu de vous se reposer de ses fatigues. Il vous en souvient : sa voix encourageait vos travaux, son visage vous souriait, et sa présence vous apportait la joie, comme eût fait la présence d'un père.

Telle fut la vie publique du comte de Marcellus. Oubli de lui-même, zèle pour le bien de tous, dévouement sans bornes à la religion, à la royauté, il fit paraître au plus haut degré les vertus qui honorent le citoyen et l'homme d'état. On admira surtout en lui cette probité pure, cette loyauté franche, cette fidélité chevaleresque qui rappelaient ces hauts et nobles caractères, honneur de notre vieille France.

Les flots politiques avaient lancé M. de Marcellus dans le tumulte des affaires : ces mêmes flots le rejetèrent dans le repos de la solitude. Cette mer si souvent orageuse, au-dessus de laquelle Dieu tient toujours sa main étendue, et qu'il agite quand il lui plaît, après quelques années de calme, fut de nouveau soulevée, et des sceptres, des couronnes disparurent dans ses abîmes.

M. de Marcellus pleura sur ce triste naufrage; puis, dépouillé de ses honneurs, qui n'avaient été pour lui que des charges, dégagé des chaînes de la vie publique, il reprit avec joie sa vie privée, au point où il l'avait laissée, comme on reprend un livre dont on a interrompu quelque temps la lecture.

A cette époque, il reçut un de ces témoignages de haute estime et d'affection courageuse que la Providence ménage quelquefois à la vertu comme la plus douce récompense qu'elle puisse recevoir ici-bas. Une lettre lui fut remise, ainsi conçue : « Je n'adore pas le même Dieu que vous; je » n'ai pas les mêmes croyances politiques; mais confiez-vous » à moi. Vous serez en sûreté dans ma maison, si vous » voulez y rester; et si vous aimez mieux sortir de la France, » je vous accompagnerai, et j'exposerai, s'il le faut, ma vie » pour sauver la vôtre. » L'auteur de cette lettre était un israélite, que M. de Marcellus avait autrefois servi dans une affaire importante.

Retiré sur ses terres, l'ancien député et pair de France n'eut pas de peine à se faire de nouveau à des mœurs et à

des habitudes qu'il n'avait, à vrai dire, jamais abandon-
nées. Il cultiva les lettres comme il avait toujours fait, mais
avec plus de loisir, et par conséquent plus de charmes. La
poésie sacrée, celle qui fit les délices et la gloire de Racine
et de Rousseau, captiva son cœur, avide d'émotions pieuses. Il épancha dans des ouvrages pleins de correction et de
goût une âme pure, sainte et toute imprégnée de l'amour
de Dieu et des hommes. La foi y rayonne de toutes parts.
C'est le trop plein d'un cœur d'où le sentiment religieux
déborde.

On est heureux, messieurs, au dix-neuvième siècle, dans
cette dégénérescence morale de la littérature, dans ce pêle-
mêle étrange de foi et de doute, d'impiété et d'orthodoxie,
de licence et de bonnes mœurs qu'on trouve dans les livres,
on est heureux de rencontrer des ouvrages purs catholiques,
qu'on puisse mettre sans trembler aux mains d'un fils, d'un
ami, d'une sœur ou d'un jeune frère.

A une trempe d'esprit distinguée, M. de Marcellus joi-
gnait une érudition immense ; il l'avait acquise par un tra-
vail soutenu et conservée par une mémoire heureuse. Chaque jour il grossissait son trésor : histoire, philosophie,
littérature, sciences exactes, sciences naturelles, langues,
beaux-arts, lui apportaient leur tribut. Mais entre toutes
les sciences il en aimait une vers laquelle le portait sans
cesse la pente de son cœur : c'était la science de Dieu. Les
livres saints étaient constamment dans ses mains. Il les étu-
diait, les méditait, les commentait, et se plaisait à les couvrir des fleurs de sa poésie, les parant religieusement,
comme on pare un autel.

La gloire des lettres jeta un doux éclat sur la vie privée
comme sur la vie publique de M. de Marcellus, et, pas plus
que les autres, cette partie de son héritage ne périra dans
sa famille; mais sa gloire véritable, celle qui attache à son
nom comme un caractère sacré, c'est sa charité. Immense

comme son cœur, elle s'étendait à toutes les misères. Active, impatiente de se répandre, elle allait cherchant l'infortune sur les routes , dans les cités', dans les villages , à travers les torrens, les collines, dans la boue et la neige , sous le soleil et la pluie. Partout où se faisait sentir le malheur, partout où quelque fléau venait s'abattre , elle arrivait l'aumône à la main , émanation de cette Providence universelle qui parcourt le monde, réchauffant dans son sein l'humanité souffrante, et fermant ses plaies à mesure qu'elles s'ouvrent.

M. de Marcellus donnait ses denrées , son or , ses vêtemens , tout. On l'a vu , ce vieillard sublime, quelques jours avant sa mort, au cœur de l'hiver, se dépouiller sur la voie publique, pour couvrir les membres grelottans d'un pauvre nu.

L'aumône qui tombait de sa main ne contristait pas le malheureux qui la recevait. M. de Marcellus donnait sans faste , avec modestie , avec timidité, même avec respect. Un jour, dans cette ville , à la porte d'une de ces maisons bénies où l'indigent va recevoir son pain de chaque jour, on trouva un homme à genoux , les lèvres collées sur la pierre : c'était le comte de Marcellus. Il venait , selon son usage, porter lui-même son aumône, et , avant de la déposer , il vénérait ce sanctuaire de la charité , ce seuil sacré où vient s'asseoir chaque jour le pauvre.

Et maintenant qui nous dira le secret de cette charité inépuisable ? car M. de Marcellus ne comptait pas avec les malheureux : sa main libérale donnait largement et ne se lassait pas de donner. Que d'infortunés lui durent la cessation de leur maux ! que de vieillards la prolongation de leur existence ! que de veuves indigentes l'éducation de leurs enfans ! que de pauvres paysans la conservation de leur toit paternel ! Plus des deux tiers de ses revenus s'en allaient en bonnes œuvres. Les dernières années de sa vie, ses aumônes se sont constamment élevées à 30 et 35,000 fr. ; en 1841 elles ont atteint le chiffre de 40,000 fr. Or, comment, sans toucher au patrimoine de ceux qui se montraient si dignes de ses soins et de sa prévoyance, comment cet homme sage et prudent, ce modèle des pères de famille, a-t-il pu verser tant de trésors dans le sein des pauvres? La simplicité extrême de ses goûts, son économie domestique, l'ordre admirable qu'il mettait dans ses affaires, ne sont pas des données suffisantes pour résoudre ce problème, et la charité de M. de Marcellus demeurerait pour nous un prodige inexplicable, si nous ne savions que l'aumône est une semence que Dieu lui-même arrose et fait germer dans le champ de celui qui la donne, si nos yeux ne nous disaient que l'eau du ciel tombe plus abondante sur ces arbres bienfaisans dont les larges feuilles la versent ensuite aux herbes éparses autour de leur tige.

Quel fut dans M. de Marcellus le principe d'une si haute vertu? Une religion profonde. Telle est la source sacrée d'où jaillirent tant de belles actions, répandues sur cette longue vie. Cette foi, l'âme de toute sa conduite, il l'honora toujours d'un haut et solennel témoignage. Dans les cités comme dans les campagnes, dans les églises de village où il s'agenouillait sur le pavé nu, au milieu des paysans attendris, comme dans les temples de la capitale, où il se confondait avec la foule, partout il s'est montré chrétien, partout croyant sincère et courageux. Eh ! messieurs, n'en doutez pas, dans cette vie publique, mêlée à toutes les opinions, à toutes les croyances, il a dû se rencontrer des momens difficiles, des heures de lutte, et, comme dit Fénelon, des jours de bataille. L'accomplissement de certains actes religieux a dû plus d'une fois éveiller la censure et aiguiser la raillerie. Le christianisme de M. de Marcellus ne fléchit jamais en présence de tels obstacles ; toujours il garda sa noble indépendance, toujours il fut semblable à lui-même, et sa vie chrétienne est comme un de ces drames héroïques, la gloire de nos lettres : elle a une parfaite unité.

Messieurs, à une époque déjà bien éloignée de nous, sur cette même terre que nous foulons, vécut un homme illustre par sa naissance, sa fortune, ses dignités et se talens, et cet homme se fit pauvre, humble, obscur; il offrit à la religion, comme un bouquet, des poésies pleines de piété, de foi et de génie; le monde l'admira, les pauvres le bénirent, l'église le proposa pour modèle. Cet homme, vous m'avez prévenu, ce fut saint Paulin. A côté de ce nom ancien et révéré ne pourrions-nous pas, messieurs, placer avec honneur, avec justice celui de Marcellus ? Paulin et Marcellus, ne trouvez-vous pas que ces deux noms vont bien ensemble ? Ne vous rappellent-ils pas les mêmes conditions, les mêmes vertus et presque les mêmes actes ? Et, pour que la ressemblance soit plus frappante, à côté de Paulin était un ange, un ami, Delphin, qui le guidait, l'instruisait, l'animait, et avec lequel il s'en alla recevoir là-haut sa couronne; à côté de Marcellus était aussi un ange, un ami, Daviau, le confident de ses pensées, le guide et le modèle de ses vertus, qu'il est allé lui aussi rejoindre, car depuis trop long-temps ces cœurs amis étaient séparés.

Ainsi, messieurs, les saints ne meurent pas dans l'église catholique. Sur le même sol, à la même place s'élèvent, à toutes les époques, des hommes qui donnent l'exemple des mêmes vertus, de la même foi. Comme dans ces forêts vierges aussi anciennes que le monde, les chênes tombent; mais d'autres, aussi beaux, aussi majestueux, naissent de leurs débris, et la forêt se montre toujours la même aux siècles qui passent devant elle.

Ne nous désespérons donc pas. Ne versons pas trop de larmes sur tant de tombes illustres qui se sont fermées sous nos yeux en si peu de temps. La France, la patrie des beaux talens et des hautes vertus , la France ne sera pas un seul instant destituée de ses grands hommes et de ses saints; chaque contrée recouvrera les siens ; Bordeaux aura encore ses Paulin et ses Marcellus : n'a-t-il pas déjà ses Delphin et ses Daviau ?

Bordeaux. — Imprimerie de BALARAC Jeune,
Rue des Trois-Conils, 8.